¿Qué pasa con lo reciclable?

por Charlie W. Sterling

Bullfrog
en español

Ideas para padres y maestros

Bullfrog Books permite a los niños practicar la lectura de textos informativos desde el nivel principiante. Las repeticiones, palabras conocidas y descripciones en las imágenes ayudan a los lectores principiantes.

Antes de leer
- Hablen acerca de las fotografías. ¿Qué representan para ellos?
- Consulten juntos el glosario de las fotografías. Lean las palabras y hablen de ellas.

Durante la lectura
- Hojeen el libro y observen las fotografías. Deje que el niño haga preguntas. Muestre las descripciones en las imágenes.
- Léale el libro al niño o deje que él o ella lo lea independientemente.

Después de leer
- Anime al niño para que piense más. Pregúntele: ¿Reciclas? ¿Sabes en qué se pueden convertir esas cosas?

Bullfrog Books are published by Jump!
5357 Penn Avenue South
Minneapolis, MN 55419
www.jumplibrary.com

Library of Congress Cataloging-in-Publication Data

Names: Sterling, Charlie W., author.
Title: ¿Qué pasa con lo reciclable? / por Charlie W. Sterling.
Other titles: Where does recycling go?. Spanish
Description: Minneapolis, MN: Jump!, Inc., [2021]
Series: ¿Qué pasa con eso? | Includes index.
Audience: Ages 5–8 | Audience: Grades K–1
Identifiers: LCCN 2020017739 (print)
LCCN 2020017740 (ebook)
ISBN 9781645276012 (hardcover)
ISBN 9781645276029 (paperback)
ISBN 9781645276036 (ebook)
Subjects: LCSH: Recycling (Waste, etc.)—Juvenile literature.
Classification: LCC TD794.5 .S74518 2021 (print)
LCC TD794.5 (ebook) | DDC 628.4/458—dc23

Editor: Jenna Gleisner
Designer: Molly Ballanger
Translator: Annette Granat

Photo Credits: Michael Burrell/iStock, cover; matteodestafano/iStock, 1; Rawpixel/iStock, 3; vystekimages/Shutterstock, 4; ranplett/iStock, 5, 22tl; neenawat/iStock, 6–7; Jorgefontestad/iStock, 8–9, 23br; Rob Crandall/Shutterstock, 10–11, 22tr; Jim West/age fotostock/SuperStock, 12–13, 22br, 23bl; Biosphoto/SuperStock, 14, 22bm, 23tr; Akkalak Aiempradit/Shutterstock, 15, 22bl; liquid studios/Shutterstock, 16–17; RecycleMan/iStock, 18; all_about_people/Shutterstock, 19; Simba3003/Dreamstime, 20; Belish/Shutterstock, 20–21; Benoit Daoust/Shutterstock, 23tl; Gemenacom/Shutterstock, 24.

Printed in the United States of America at Corporate Graphics in North Mankato, Minnesota.

Tabla de contenido

Nuevas cosas

Mateo se sirve leche.

La botella está vacía.

¿Qué hace?

botella

¡La recicla!

¿Por qué?

No es basura.

papelera de
reciclaje

vertedero

La basura se apila.
¡Qué asco!
Podemos crear menos.
¿Cómo?

¡Reciclamos!
¿Qué?
¡Muchas cosas!

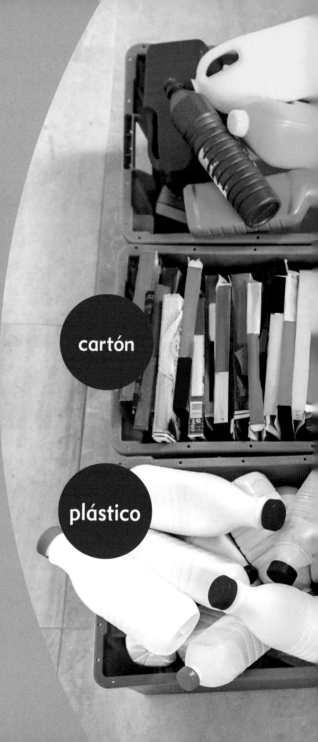

cartón

plástico

metal

papel

vidrio

9

cubo de
basura

recolector

10

Las colocamos en
un cubo de basura.

El cubo de basura
es recogido.

Este va a una planta.

La basura
es clasificada.

planta de reciclaje

13

paca de papel

El papel va en pacas.

¡Se convierte en nuevo papel! ¡Qué genial!

puente

El metal es derretido.
Se convierte en
nuevas cosas.
¿Como cuáles?
¡Puentes!

El plástico es cortado.

pedacitos de plástico

Los pedazos son derretidos.

¿Por qué?

Para hacer nuevas cosas.

¡Como esto!

set de campo de juegos

19

El vidrio es triturado.

Puede transformarse en cuentas.

¡Guau!

cuenta de vidrio

pedazos
de vidrio

21

Lo que pasa con lo reciclable

¿Qué pasa con lo reciclable después de que deja tu hogar? ¡Echa un vistazo!

1. Colocamos las cosas reciclables en papeleras de reciclaje separadas de la basura.

2. Los recolectores recogen las cosas reciclables. Las llevan a una planta de reciclaje.

5. ¡Se crean nuevos productos!

3. En la planta, echan las cosas reciclables sobre una correa en movimiento y las clasifican.

4. Los materiales clasificados van a las fábricas para ser convertidos en nuevos productos.

Glosario de fotografías

derretido
Algo convertido de sólido a líquido calentándolo.

pacas
Grupos de cosas amarradas juntas para un manejo más fácil.

planta
Un edificio y el equipo dentro de éste que llevan a cabo un proceso.

reciclamos
Enviamos cosas usadas, como vidrio, plástico, papel y aluminio, para ser convertidos en nuevas cosas.

Índice

Para aprender más

Aprender más es tan fácil como contar de 1 a 3.

❶ Visita www.factsurfer.com

❷ Escribe "¿Quépasaconloreciclable?" en la caja de búsqueda.

❸ Elige tu libro para ver una lista de sitios web.